LE GRAND CACHALOT

OU

LE CALMAR GÉANT?

JERRY PALLOTTA
ILLUSTRATIONS DE
ROB BOLSTER
TEXTE FRANÇAIS D'ISABELLE FORTIN

SCHOLASTIC

L'éditeur aimerait remercier les personnes et les organisations suivantes d'avoir aimablement accepté qu'on utilise leurs photos dans ce livre :

Page 12 : © Dirk Renckhoff/Alamy (en bas); page 16 : © AKG Images (au centre), © Mary Evans Picture Library (en bas); page 17 : © Shutterstock; page 19 : © Louise Murray/Photo Researchers, Inc.; page 24 : © The Bridgeman Art Library.

Je dédie ce livre à Connie Ross, une légende de la lecture du New Hampshire.
— J. P.

Je dédie ce livre à Edward Hopper.
— R. B.

Catalogage avant publication de Bibliothèque et Archives Canada

Titre: Le grand cachalot ou le calmar géant? / Jerry Pallotta; illustrations de Rob Bolster;
texte français d'Isabelle Fortin.
Autres titres: Whale vs. giant squid. Français
Noms: Pallotta, Jerry, auteur. | Bolster, Rob, illustrateur.
Collections: Qui va gagner?
Description: Mention de collection: Qui va gagner? | Traduction de : Whale vs. giant squid.
Identifiants: Canadiana 20200183443 | ISBN 9781443181549 (couverture souple)
Vedettes-matière: RVM: Cachalot—Ouvrages pour la jeunesse.
| RVM: Calmars géants—Ouvrages pour la jeunesse.
Classification: LCC QL737.C435 P3514 2020 | CDD j599.5/47—dc23

Édition publiée par les Éditions Scholastic, 604, rue King Ouest, Toronto (Ontario) M5V 1E1, Canada.

6 5 4 3 2   Imprimé en Chine 38   23 24 25 26 27

Que se passerait-il si un grand cachalot s'approchait d'un calmar géant? Il faut savoir que ce sont tous les deux des carnivores, donc des mangeurs de viande. Et s'ils se battaient? D'après toi, qui gagnerait?

Voici le grand cachalot.

FAIT DE TAILLE
La baleine bleue est le plus gros animal sur terre.

FAIT COLORÉ
Les baleines ont le sang rouge.

FAIT GÉANT
Le grand cachalot peut mesurer jusqu'à 18 mètres et peser jusqu'à 45 tonnes.

C'est l'une des plus grosses baleines du monde. Les baleines les plus grosses sont des mysticètes, c'est-à-dire qu'elles ont des fanons à la place des dents. Or, le grand cachalot est différent, car il a des dents. Elles se trouvent sur la mâchoire inférieure.

Le cachalot ressemble à une immense tête avec une queue. Son nom scientifique signifie « souffleur à grosse tête ». C'est la plus grosse baleine de toutes les baleines à dents. En fait, de tous les animaux qui ont existé, c'est aussi celui qui a la plus grosse tête.

LE SAVAIS-TU?

Le grand cachalot a un évent sur le devant de la tête.

INCROYABLE

Sa tête mesure jusqu'à six mètres.

NOM SCIENTIFIQUE
DU CALMAR GÉANT :
Architeuthis dux

Voici le calmar géant.

FAIT
Les calmars, les pieuvres, les nautiles et les seiches sont des céphalopodes.

FAIT CULINAIRE
Le calmar frit est vraiment délicieux!

Le calmar géant est un mollusque. Il appartient à un groupe nommé céphalopodes, ce qui veut dire « tête et pieds ». Le calmar a l'air d'une tête attachée à des pattes. Il a huit bras et deux longs tentacules pour se nourrir. Ses bras ont des ventouses. Quant à ses tentacules, ils sont dotés de crochets et de ventouses à leur extrémité, et agissent un peu comme des mains.

Le calmar géant s'oriente à l'aide de ses nageoires. Il se propulse en aspirant de l'eau dans sa tête, puis en l'expulsant. Il fonctionne de la même manière qu'un moteur à réaction.

FAIT GÉANT
Les calmars les plus gros sont le calmar géant et le calmar colossal.

LE SAVAIS-TU?
Le cerveau du calmar géant a la taille et la forme d'un petit beignet.

Le calmar géant peut mesurer 18 mètres et peser 200 kilos. Mais la plupart de ceux qu'on a retrouvés échoués sur des plages mesuraient de 6 à 9 mètres. Ça fait beaucoup d'assiettes de calmar!

MAMMIFÈRES

Les baleines sont des mammifères. Les personnes qui lisent ce livre en sont aussi! Voici d'autres espèces de mammifères :

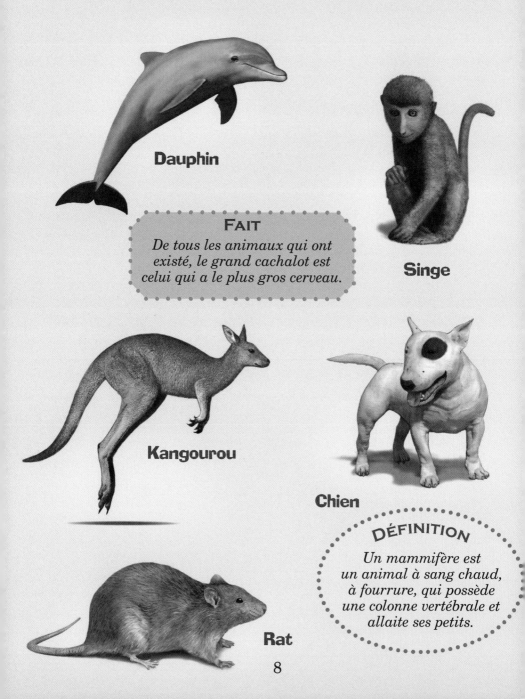

Dauphin

Singe

FAIT
De tous les animaux qui ont existé, le grand cachalot est celui qui a le plus gros cerveau.

Kangourou

Chien

DÉFINITION
Un mammifère est un animal à sang chaud, à fourrure, qui possède une colonne vertébrale et allaite ses petits.

Rat

MOLLUSQUES

Le calmar est un mollusque. En voici d'autres exemples :

Moule

Pieuvre

Palourde

Escargot

DÉFINITION

Un mollusque est un animal à corps mou qui vit généralement dans l'eau et possède une coquille protectrice.

Seiche

9

YEUX

Un œil de grand cachalot ne mesure qu'environ cinq centimètres de large.

FAIT AMUSANT
Le grand cachalot plonge jusqu'à 800 mètres. À cette profondeur, il n'y a presque plus de lumière.

YEUX

Voici l'œil d'un humain.

En comparaison, voici celui du calmar géant. Le calmar géant est l'animal qui a les plus gros yeux du monde. Ils sont chacun aussi gros qu'un ballon de basketball. Grâce à ses yeux immenses, le calmar géant parvient à voir même dans les grandes profondeurs.

DENTS

Les dents du grand cachalot sont très longues. Elles ont la forme de bâtons de craie. Si tu regardes bien, tu verras que le grand cachalot n'a pas de dents sur la mâchoire supérieure. Quand il ferme la bouche, ses dents du bas s'insèrent dans les indentations de sa mâchoire supérieure.

FAIT AMUSANT

Le grand cachalot a de 20 à 25 dents de chaque côté de la mâchoire inférieure.

SUPER INFO

Les couches de croissance de ses dents permettent de connaître son âge.

LE SAVAIS-TU?

Les chasseurs de baleines avaient l'habitude de graver de beaux motifs sur les dents et les os des baleines.

BEC

Le calmar géant a un bec situé entre ses huit bras et ses deux tentacules. C'est sa bouche. Il n'a pas de dents. Son bec ressemble à celui d'un perroquet.

FAIT
Le bout du bec du calmar géant est dur et coriace, mais sa base est plutôt caoutchouteuse.

Le bec du calmar géant est fait de chitine, une matière qui ressemble à celle de tes ongles.

QUEUE

La queue du grand cachalot peut mesurer près de cinq mètres de large. Les baleines ont une queue horizontale.

LE SAVAIS-TU?
Cette queue en forme d'ailes se nomme nageoire caudale.

ACTIVITÉ
Utilise un ruban à mesurer pour découvrir à quoi correspondent cinq mètres. Waouh! C'est très large!

AUTRES FORMES DE QUEUES :

baleine bleue

baleine à bosse

baleine boréale

baleine noire

14

NAGEOIRES

Le calmar géant est doté d'un long corps appelé manteau. Ses nageoires sont situées à l'une des extrémités de son corps. Il les utilise pour se propulser et se diriger, mais peut aussi en inverser le mouvement pour nager à reculons.

FAIT
Certaines personnes ont aperçu des calmars géants bondir complètement hors de l'eau.

FAIT AMUSANT
Le calmar a trois cœurs.

SUPER INFO
Le calmar peut aussi se déplacer à l'aide de ses bras.

HUILE

Triste, mais vrai : avant la découverte du pétrole, les baleines étaient une source d'huile. On estime qu'environ 600 000 cachalots ont été tués pour leur huile.

Voici à quoi ressemblait un baleinier du Nantucket typique. Souvent, les baleiniers partaient, puis ne rentraient au port que quatre ans plus tard.

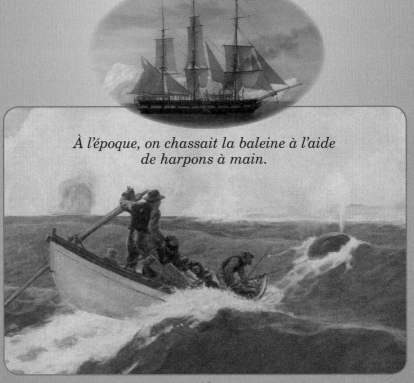

À l'époque, on chassait la baleine à l'aide de harpons à main.

RÉCOMPENSE

Personne n'a jamais réussi à capturer un calmar géant et à le garder en vie. Si tu arrives un jour à le faire, l'animal pourrait valoir jusqu'à 1 000 000 $. Eh oui, certaines personnes seraient prêtes à payer ce prix.

UN MILLION DE DOLLARS

RÉCOMPENSE DE
1 000 000 $

REPAS

Le grand cachalot se nourrit de calmars géants, de calmars, de raies, de pieuvres et de poissons.

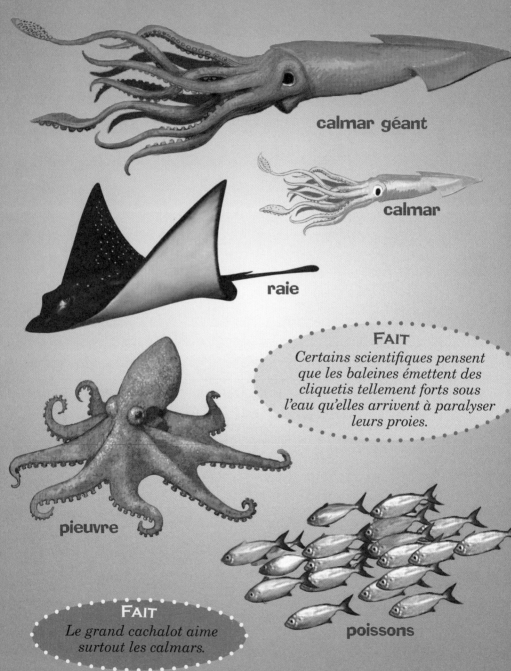

calmar géant

calmar

raie

pieuvre

FAIT
Certains scientifiques pensent que les baleines émettent des cliquetis tellement forts sous l'eau qu'elles arrivent à paralyser leurs proies.

FAIT
Le grand cachalot aime surtout les calmars.

poissons

REPAS

Le calmar géant mange des poissons, des crevettes et d'autres calmars. Il attrape ses proies à l'aide de ses longs tentacules. À leur extrémité, ces tentacules sont dotés d'épines pointues. Le calmar les utilise pour porter la nourriture à sa bouche.

tentacule vu de près

VITESSE

Le grand cachalot atteint 40 kilomètres à l'heure.

MAXIMUM
40

LE SAVAIS-TU?
Le marsouin de Dall peut dépasser 80 kilomètres à l'heure.

FAIT AMUSANT
Le poisson le plus rapide est le voilier. Il atteint 145 kilomètres à l'heure.

800 MÈTRES

PROFONDEUR

Le grand cachalot peut plonger à 800 mètres de profondeur.

FAIT INCROYABLE
Le cachalot peut retenir son souffle pendant deux heures. Mais en général, il reste sous l'eau environ 45 minutes.

grand cachalot

Empire State Building

fond marin

VITESSE

Le calmar géant peut atteindre 30 kilomètres à l'heure.

MAXIMUM

30

fond marin

canyon sous-marin

PROFONDEUR

?

On ne sait pas jusqu'à quelle profondeur le calmar géant peut plonger. Mais il plonge plus profond qu'une baleine. Il est aussi plus agile qu'une baleine, car il peut changer brusquement de direction et nager à reculons.

FAIT
Le calmar n'a pas à remonter à la surface pour respirer.

ÉCHOLOCALISATION

En eaux profondes, le grand cachalot se fie à l'écholocalisation pour se repérer. Il trouve sa nourriture en envoyant des signaux sonores qui rebondissent sur sa proie. Le grand cachalot est chanceux d'entendre, car le calmar géant, lui, n'entend pas.

DÉFINITION

Comme son nom l'indique, l'écholocalisation permet de localiser les proies ou les obstacles à l'aide de l'écho qu'ils renvoient.

FAIT SONORE

Un sonar permet de repérer des objets au moyen d'ondes sonores. Les chauves-souris, les baleines, les musaraignes et certains oiseaux en ont un. Les sous-marins aussi, d'ailleurs.

Nous ignorons beaucoup de choses sur les grands cachalots. Par exemple, nous ne savons pas pourquoi ils n'ont pas de dents sur la mâchoire supérieure… ni combien se font tuer par des calmars géants.

ENCRE

Nous ne connaissons pas la durée de vie du calmar géant. Certains scientifiques pensent qu'il vit seulement trois ans.

ARME SECRÈTE
Si on l'attaque, le calmar peut cracher de l'encre noire.

FAIT CULINAIRE
Certains chefs célèbres utilisent l'encre de calmar pour confectionner des pâtes noires.

Nous ignorons à quelle profondeur peut plonger le calmar géant. Nous ne savons pas non plus où il vit. Mais il semble qu'il préfère les eaux froides des profondeurs. Enfin, la raison pour laquelle personne n'a jamais réussi à en attraper un vivant est aussi un mystère.

LE SAVAIS-TU?
Il n'existe aucun calmar d'eau douce connu.

BALEINE CÉLÈBRE

Moby Dick est un célèbre roman américain écrit par Herman Melville. Il raconte l'histoire d'un capitaine de navire qui a juré de se venger de l'immense cachalot albinos qui lui a arraché la jambe. À la fin, le cachalot percute l'embarcation et la fait couler.

FAIT AMUSANT

Moby Dick *est aussi devenu un film célèbre.*

Le roman est inspiré d'un fait réel, le naufrage de l'*Essex*, un baleinier du Nantucket qui a coulé après avoir été attaqué par un grand cachalot.

LÉGENDE CÉLÈBRE

Pendant des centaines d'années, des marins de partout dans le monde ont eu peur des calmars géants. Une légende disait qu'ils remontaient des profondeurs et qu'ils étaient si gros qu'ils pouvaient engloutir un navire.

CLASSIQUES DE SCHOLASTIC

Vingt mille lieues sous les mers

Verne

Préface de Bruce Coville

SCHOLASTIC

Dans son roman *Vingt mille lieues sous les mers*, l'auteur de science-fiction Jules Verne raconte l'histoire d'un calmar géant qui attaque un sous-marin.

Le grand cachalot plonge. Il est à la recherche de nourriture.
Il envoie des ondes sonores en espérant repérer un délicieux
repas. Il perçoit bien quelques petits poissons, mais il a
vraiment faim. Il a envie d'un bon calmar géant.

Justement, un calmar géant se trouve dans les profondeurs.
Mais il est hors de portée.

Le calmar géant décide de remonter vers la surface, où il risque de trouver de la nourriture. La plupart des poissons et des calmars vivent à moins de 60 mètres de profondeur.

Le grand cachalot sent la présence du calmar géant à 400 mètres de profondeur. Il plonge.

Le calmar géant ne remarque pas tout de suite le grand cachalot. Ce dernier émet alors quelques cliquetis, localise le calmar géant, puis l'attaque, la gueule grande ouverte. Il lui arrache un petit bout de tentacule.

Le calmar géant crache de l'encre sur le grand cachalot, puis file comme une flèche.

Le grand cachalot pourchasse le calmar géant, qui décide alors d'attaquer. Le calmar géant se rend compte qu'il doit se battre. Il enroule tous ses bras autour du grand cachalot et lui écorche la peau avec ses ventouses et ses crochets.

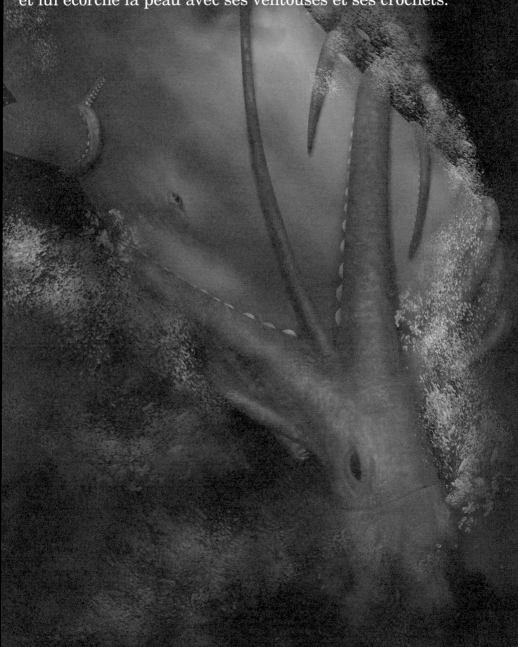

Le calmar géant tente de retenir le grand cachalot jusqu'à ce que ce dernier manque d'air. Mais son plan échoue.

Le grand cachalot se libère, puis il mord le calmar géant à pleines dents, lui arrachant aussi quelques bras au passage. Encore quelques bouchées et le calmar géant sera vraiment dans le pétrin.

Le grand cachalot trouve que le calmar géant a un goût exquis.

Le grand cachalot a gagné, mais il a des marques de ventouse et des éraflures partout sur la tête. La bataille a été douloureuse!

QUI AURAIT L'AVANTAGE?
COMPARAISON

GRAND CACHALOT		CALMAR GÉANT
☐	Longueur	☐
☐	Poids	☐
☐	Cerveau	☐
☐	Yeux	☐
☐	Dents	☐
☐	Armes	☐
☐	Vitesse	☐

Note de l'auteur : La bataille aurait pu se terminer ainsi, mais aussi d'autres façons. Lesquelles à ton avis?